Braco alemán de pelo corto

Grace Hansen

Abdo Kids Jumbo es una subdivisión de Abdo Kids
abdobooks.com

abdobooks.com

Published by Abdo Kids, a division of ABDO, P.O. Box 398166, Minneapolis, Minnesota 55439.
Copyright © 2025 by Abdo Consulting Group, Inc. International copyrights reserved in all countries.
No part of this book may be reproduced in any form without written permission from the publisher.
Abdo Kids Jumbo™ is a trademark and logo of Abdo Kids.

Printed in China

052024

092024

Spanish Translator: Maria Puchol

Photo Credits: AP Images, iStock, Shutterstock

Production Contributors: Teddy Borth, Jennie Forsberg, Grace Hansen
Design Contributors: Dorothy Toth, Pakou Moua

Library of Congress Control Number: 2023950229

Publisher's Cataloging-in-Publication Data

Names: Hansen, Grace, author.

Title: Braco alemán de pelo corto/ by Grace Hansen

Other title: German shorthaired pointers. Spanish

Description: Minneapolis, Minnesota: Abdo Kids, 2025. | Series: Perros | Includes online resources and
    index

Identifiers: ISBN 9798384902096 (lib.bdg.) | ISBN 9798384902652 (ebook)

Subjects: LCSH: German shorthaired pointers--Juvenile literature. | Hunting dogs--Juvenile literature. |
    Dogs--Juvenile literature. | Animal behavior--Juvenile literature. | Spanish language materials--
    Juvenile literature.

Classification: DDC 599.772--dc23

Contenido

Los braco alemanes de pelo corto

El braco alemán de pelo corto

es un gran **compañero**, amable

e inteligente.

Los **criadores de perros** estuvieron años trabajando en la creación del perro de caza perfecto. ¡Y lo consiguieron con éste!

Su nombre en inglés es *German shorthaired pointer*, ya que fue criado en Alemania. *Shorthaired* es por su pelaje duro, denso y corto. Lo de *pointer* viene de señalar, ya que el cazador nato, se para y señala hacia su presa cuando la encuentra.

Son perros de tamaño mediano. Pueden llegar a medir 35 pulgadas (89 cm) y pesar hasta 70 libras (32 kg).

Pueden ser de muchos colores,

desde el negro, marrón rojizo,

blanco, **ruano**, y con marcas

por el cuerpo.

Cuidados

Las orejas de este braco tienen

que limpiarse a menudo, pero

bañarse sólo de vez en cuando.

Ejercicio

Los braco alemanes necesitan hacer ejercicio con frecuencia. Salir de caza es muy buena actividad, pero darse paseos largos y jugar a coger la pelota es otra buena forma para que se muevan.

Son muy buenos nadadores.
Sus patas palmeadas les
permiten moverse por el agua.
¡Nadan tanto por diversión
como para atrapar un pato!

Personalidad

Estos perros aprenden muy rápido y se mueren por complacer. Conviene retar su **inteligencia** con actividades. Este polifacético perro cazador adora pasar tiempo con su familia y estar activo.

Más datos

- Son buenos nadadores. Tienen patas palmeadas y cuerpos musculosos y delgados.

- Los braco alemanes son buenos competidores y dominan casi todos los deportes caninos.

- Aunque tienen el pelo corto, lo mudan mucho. Un cepillado semanal puede favorecerles.

Glosario

compañero – quien pasa tiempo con otro.

criador – quien se dedica a criar animales.

criar – originado con un fin determinado.

denso – que sus partes están muy juntas.

inteligencia – capacidad de aprender y entender.

ruano – pelaje de base oscura con muchas manchas blancas.

Índice

Abdo Kids ONLINE

FREE! ONLINE MULTIMEDIA RESOURCES

¡Visita nuestra página **abdokids.com** para tener acceso a juegos, manualidades, videos y mucho más!

Los recursos de internet están en inglés.